幼儿康复系列丛书

幼儿康复

教师教学活动手册

本册主编◎袁玉翠

安徽师范大学出版社
· 芜湖 ·

图书在版编目(CIP)数据

幼儿康复教师教学活动手册 / 袁玉翠主编. —芜湖:安徽师范大学出版社，2017.5
(幼儿康复系列丛书)
ISBN 978-7-5676-2797-0

Ⅰ. ①幼… Ⅱ. ①袁… Ⅲ. ①学前教育－特殊教育－教学参考资料 Ⅳ. ①G764

中国版本图书馆CIP数据核字(2017)第055987号

幼儿康复教师教学活动手册 袁玉翠 主编
YOUER KANGFU JIAOSHI JIAOXUE HUODONG SHOUCE

责任编辑:胡志恒
装帧设计:任 彤
出版发行:安徽师范大学出版社
芜湖市九华南路189号安徽师范大学花津校区
网 址:http://www.ahnupress.com/
发行部:0553-3883578 5910327 5910310(传真)
印 刷:合肥明星印务有限公司
版 次:2017年5月第1版
印 次:2017年5月第1次印刷
规 格:880 mm×1230 mm 1/16
印 张:5.5
字 数:79千字
书 号:ISBN 978-7-5676-2797-0
定 价:29.00元

如发现印装质量问题，影响阅读，请与发行部联系调换。

幼儿康复系列丛书编委会

《幼儿康复教师教学活动手册》编写组

主　　编：袁玉翠
成　　员：刘　寒　王　珏
　　　　　何洋洋

总　序

学前教育作为学龄前儿童的启蒙教育，对儿童的终身发展有着重大的影响。对特殊儿童进行学前教育，有利于他们的早期干预、早期康复。通过训练、教育等方法对特殊儿童进行缺陷补偿和干预，能使幼儿得到最大程度和最好效果的康复。

芜湖市培智学校积极探索智力障碍儿童与自闭症儿童"康教结合"的教学模式，取得显著效果。此套康复系列丛书就是该校团队开发研究、集体智慧的结晶，致力于为特殊儿童提供学前训练服务。根据特殊儿童的身心特征和康复教育理念，丛书以单元主题模式开展教学活动，图文并茂，易操作实践，既务实又创新。

特殊教育是和谐社会建设必不可少的灵魂工程。"苔花如米小，也学牡丹开。"在芜湖市培智学校，我看到了世界上最灵动的语言，也感受到了人世间最崇高的情份。关注特教，关注每一名残疾孩子的成长，已成为全社会的风尚和责任。愿浓浓的关爱使每个残疾孩子都能化弱为强，同享丰富人生！

刘育红

2017年4月10日

目　录

第一单元　认识自己

单元大纲

	分组		
	高	中	低
1. 认识自己——我是谁			
(1)叫到自己的名字有反应			
(2)认识镜中的自己			
(3)找到自己的照片			
(4)找出写有自己姓名的字卡			
(5)说出自己的姓名			
(6)说出自己的性别			
(7)找到自己的性别图片			
(8)正确找到适合的厕所			
2. 认识自己的身体			
(1)听指令指认自己身体的主要部分			
(2)边指边说出自己身体的主要部分			

(3)会模仿做手指操			
(4)会跟着音乐做律动			
(5)拼贴五官			
3.认识自己的关联物品			
(1)找到自己的座椅			
(2)找到自己的班级			
(3)把自己的鞋子放到自己的储物格内			
4.认识人的情绪变化			
(1)学习表达自己的情感:高兴→笑脸			
(2)学习表达自己的情感:伤心→哭脸			
5.学会保护与清洁			
(1)会用清水洗手			
(2)会用清水洗脸			
(3)辨别热水、冷水			

主题活动一

活动目标：认识自己——我是谁

一、认识自己的姓名和性别

1. 教师点名，当叫到幼儿的名字时，用手摸摸幼儿的脸，并与幼儿握手，让幼儿有反应。

2. 利用镜子，让幼儿看看自己的样貌，在旁说出幼儿的名字。

问幼儿："谁是×××？"

协助幼儿作出反应，如：点头、举手或拍胸口，或说："我是"。

3. 教师出示镜子，让幼儿照镜子看看自己。再让幼儿看看自己的照片，教师指着幼儿照片，说出幼儿名字。请幼儿把自己的照片贴在点名表上。

4. 教师把鞋子放进柜子内(柜子上事先贴上教师的照片)，教师对幼儿说："这个柜子是×老师的，放×老师的鞋子。"接着带幼儿找到贴有幼儿照片的柜子，让他观察。让幼儿把自己的鞋子放入自己的柜子内。

5.座位。

把幼儿照片贴在其座位的椅子上，逐一向幼儿介绍，让其坐在自己的位子上。

教师用点名表点名，让幼儿听到自己的名字时举手表示“到”，并在点名表上取回自己的照片，贴在椅子上。

6.教师利用姓名卡片，逐一介绍幼儿的姓名，开展点名活动，让幼儿举手说“到”，并让幼儿把自己的姓名卡片贴在点名表上。

转盘游戏

规则：教师出示写有幼儿姓名的圆形转盘向幼儿介绍。教师利用圆形转盘给幼儿点名，让一名值日生出来用手转动转盘，使箭头停留在其中一名儿童的姓名上。让被箭头指着名字的儿童出来。

7.教师点名，把姓名卡片给幼儿，让幼儿把自己的姓名卡片贴在点名表上，和自己的照片放在一起。

8.分别让一名男孩、女孩出来，教师介绍性别，让其他幼儿观察及说出他们的区别。出示男、女洗手间的标志：男孩子要去男厕所，女孩子要去女厕所；男孩子会站着解小便，女孩子会坐着或蹲着解小便。

带幼儿上洗手间，认识男、女洗手间标志，在适合性别的厕所小便。

要求幼儿说出自己的性别，并正确找到自己的性别标志图。

二、认识自己的身体

我的身体，你的身体

你知道我们身体的各个部位都叫什么名字吗？快来一起贴贴认认吧。

主题活动二

活动目标：认识自己的手、脚。

一、认识手的名称、外形

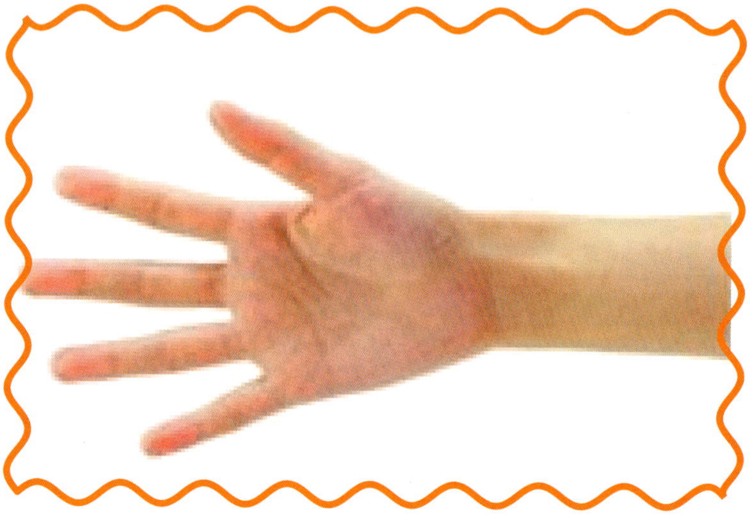

1. 教师点名活动时与幼儿打招呼、握手，让幼儿伸手与教师握手。

出示护手霜并示范涂抹在手上，并强调：抹在手上。鼓励幼儿伸手抹护手霜。

2. 出示颜料盒画纸，示范用手印出手掌画。鼓励幼儿伸手用颜料印出手掌画。

教师出示一些面粉团，并示范用手在面粉团上印出手的模型。引导幼儿伸手在面粉团上按压，印出手的模型。把印出的手掌形状与印有其他形状的模型放在一起，让幼儿指出有手形的一团。

3. 律动：与幼儿唱《拍手歌》。

二、认识脚的名称、外形

1. 教师示范用脚有节奏地“一二一”踏步，并向幼儿强调：用脚走路。

2. 展示几对不同颜色的袜子，示范把一双袜子穿在脚上，并说“穿在脚上”，鼓励幼儿自己伸出脚，穿上袜子。

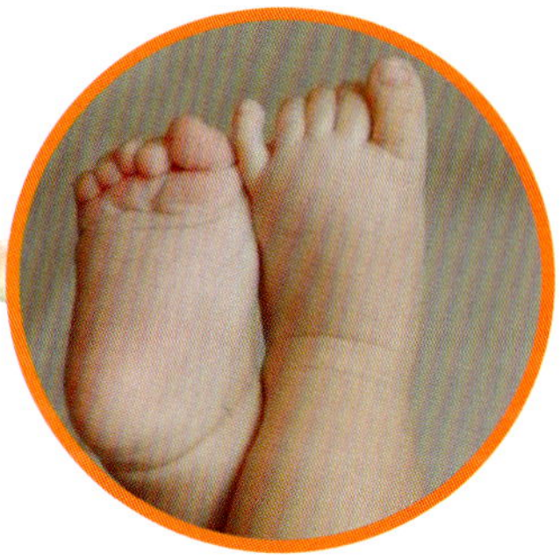

3. 配对练习

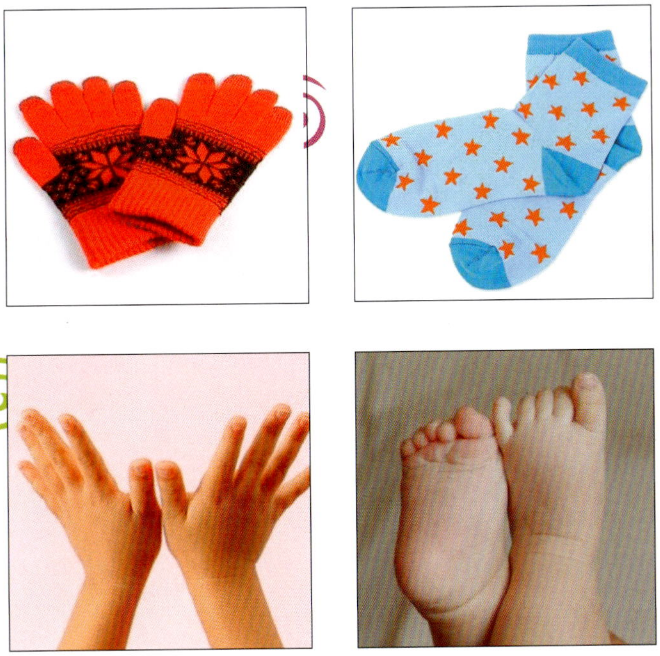

主题活动三

活动目标:认识自己的样貌。

一、认识头的名称、位置

1. 教师让幼儿坐在镜子前,拿起幼儿的手摸自己的头,说:"这是头"。

再出示一顶帽子,说:

"帽子戴在头上。"并示范。

再出示一把梳子,说:"用梳子梳头。"并示范。

2. 教师一边摇头,一边说:"老师的头可以摇、摇、摇。"

教师一边点头,一边说:"老师的头可以点、点、点。"

点头→同意、要;摇头→不同意、不要。

请你像我这样做:点、点、点,摇、摇、摇。

3. 纸板拼图。

二、认识眼睛的名称、外形及位置

1. 教师指着眼睛对幼儿说："这是眼睛。"给幼儿一面镜子，用手触摸眼睛位置，强调说："这是眼睛。"

鼓励幼儿用双手掩着眼睛玩游戏，让其感受“黑漆漆”——看不见东西的感觉。

2. 出示卫生纸筒，向幼儿示范放在眼前观看，并说：“放在眼睛前看。”鼓励幼儿做。

还可以利用其他用品，如望远镜、太阳镜、万花筒等。

3. 蒙眼游戏：猜猜我是谁

三、认识嘴巴的名称、外形及位置

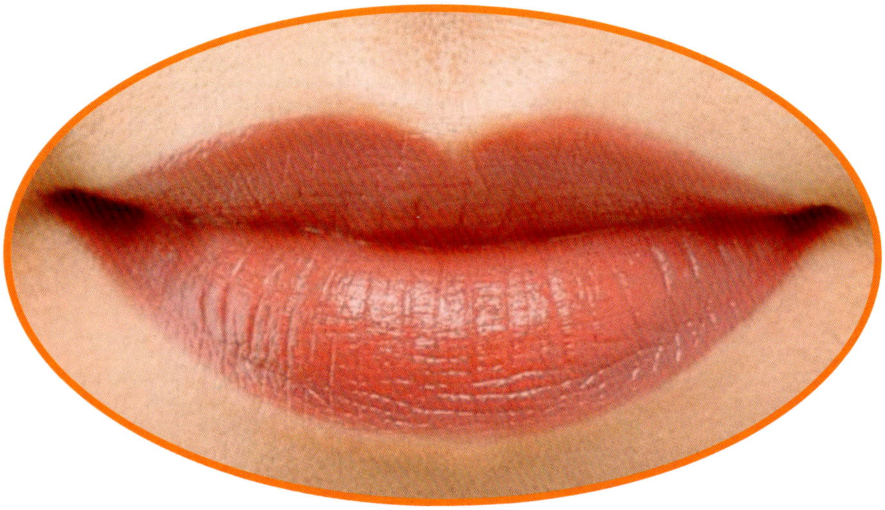

1. 用手轻拍嘴巴，示范“打哇哇”，吸引幼儿注意，强调说：“这是嘴巴。”让幼儿对着镜子，用手摸摸自己的嘴巴，模仿说“嘴巴”，并尝试“打哇哇”，确认“嘴巴”的位置。

2. 出示一支口红，示范把口红涂在嘴唇上，并用夸大的动作吸引幼儿注意。用纸印出唇形，利用唇形介绍“嘴巴”的名称及位置。要求幼儿对着镜子，涂上口红，让儿童用纸印出唇形。让幼儿观察印出的唇形，以加深幼儿对“嘴巴”的认识。

3. 教师用嘴巴发出“巴巴”声，吸引幼儿注意。让幼儿对着镜子摸摸嘴巴，模仿说“嘴巴”，并尝试发出“巴巴”声。

4. 把蜂蜜涂在幼儿的嘴巴上，并对幼儿说“嘴巴”，让幼儿用舌舔蜂蜜，以加深幼儿对嘴巴位置的认识。

5. 出示一个玩具娃娃，对幼儿说：“玩具娃娃肚子饿了，想要请小朋友喂她吃饼干。”让幼儿指出玩具娃娃嘴巴的位置，能把饼干放进嘴巴。

6. 吹练习：吹纸风车，吹碎纸片，吹乒乓球，吹泡泡。

四、认识耳朵的名称、外形及位置

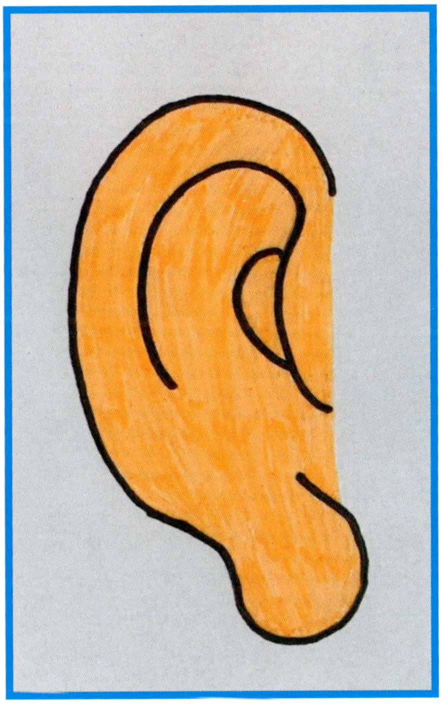

1. 事先把一只闹钟放入布袋内，并按响闹钟使其发出声音，吸引幼儿注意。问幼儿：“听到声音吗？在哪里？”让幼儿一起寻找。当找到闹钟时，教师向幼儿说：“耳朵很有用，可以听到声音。”

2. 教师在幼儿的耳边吹气，使其耳朵有刺激的感觉，并摸着耳朵，介绍“耳

朵”的名称及位置。幼儿用镜子观看自己耳朵的位置。

3. 传话游戏。

4. 安全教育：不能塞东西进入耳朵。

五、认识鼻子的名称、外形及位置

1. 出示玩具娃娃，并指着介绍“鼻子”的名称，让幼儿对着镜子用手摸自己的鼻子。教师逐一捏捏幼儿的鼻子，加强幼儿对鼻子的感觉。

2. 拿出幼儿润肤膏在幼儿鼻子上涂上少许，让幼儿摸自己的鼻子。

3. 出示玩具娃娃，利用玩具娃娃假装打喷嚏，对幼儿说：“玩具娃娃流鼻涕，要擦鼻子。”教幼儿用卫生纸替玩具娃娃擦鼻涕。

4. 教师示范把贴纸贴在鼻子上，引起幼儿注意。再把贴纸贴在幼儿的鼻子上，让幼儿用手把鼻子上的贴纸取下。

5. 出示嗅味筒，示范放在鼻子前嗅味，让幼儿尝试把嗅味筒放在鼻子前嗅味。

统整活动

一、统整活动1

1. 出示可粘贴的人像全身图，向幼儿介绍身体各部分的名称、位置。

2. 教师示范把人像身体各部分拆下，然后再把其粘贴在适当的位置上。

3.让儿童轮流完成此项活动。

二、统整活动2

功能配对:眼睛、耳朵、鼻子、嘴巴、手、脚。(见教具)

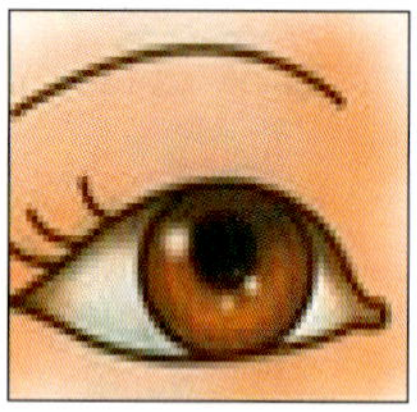

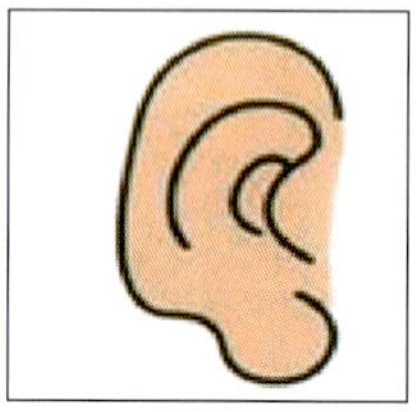

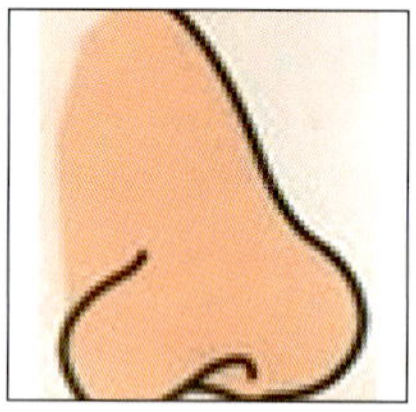

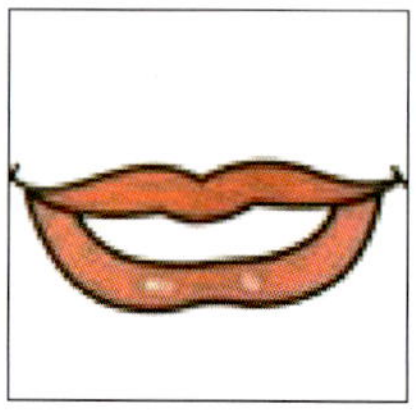

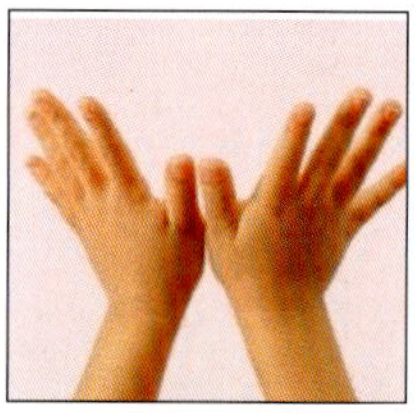

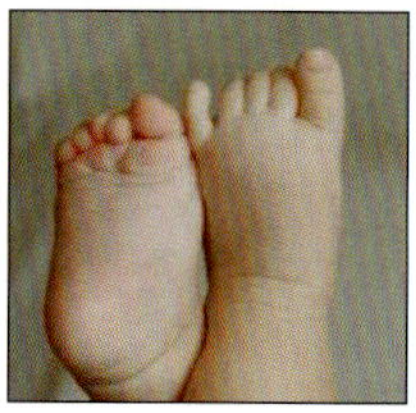

三、统整活动3

美工	手印画	手指画	做脸谱	做相架	粘贴身体
律动	《小小粉刷匠》	《我的身体》	《身体音阶歌》	《我真的很棒》	《甩手歌》
手指操	《小青蛙》	《手指歌》	《点点虫》	《毛毛虫》	《春天》
生活自理	用清水洗手	用清水洗脸	洗苹果	剥香蕉皮	剥橘子皮
感知	搓纸球	纸筒运纸球	挥舞丝带	三指捏	三指夹夹

配合活动

一、手指操

《春　天》

春天，春天，桃花开。

桃花，桃花，几个瓣？

一个瓣，两个瓣，三个、四个、五个瓣。

《点点虫》

点点虫，虫会飞。

点点鸡，鸡会啼。

点点鸟，鸟会飞。

呼啦，飞走啦。

《小青蛙》

小青蛙，叫呱呱，一蹦一跳过来啦。

小青蛙，你别走，来和宝宝玩会儿吧。

《毛毛虫》

一根手指毛毛虫，

两根手指小白兔，

三根手指小花猫，

四根手指小蝴蝶，

五根手指大老虎。

《手指歌》

一根手指点点点，

两根手指剪剪剪，

三根手指弯弯弯，

四根手指插插插，

五根手指开了花。

二、律动操

《粉刷匠》

我是一个粉刷匠，粉刷本领强，

我要把那新房子，刷得很漂亮。

刷了房顶又刷墙,刷子像飞一样,

哎呀我的小鼻子,变呀变了样。

我是一个粉刷匠,粉刷本领强,

我要把那新房子,刷得很漂亮。

刷了房顶又刷墙,刷子像飞一样,

哎呀我的小鼻子,变呀变了样。

《我真的很棒》

我真的很棒,我真的很棒,

我可以走一走,我走呀走呀走。

我真的很棒,我真的很棒,

我可以转一转,我转呀转呀转。

我真的很棒,我真的很棒,

我可以拍一拍,我拍呀拍呀拍。

我真的很棒,我真的很棒,

我可以爬一爬,我爬呀爬呀爬。

我真的很棒,我真的很棒,

我可以扭一扭,我扭呀扭呀扭。

我真的很棒,我真的很棒,

我可以跳一跳,我跳呀跳呀跳。

我真的很棒，我真的很棒，

我可以跑一跑，我跑呀跑呀跑。

《甩手歌》

小乖乖，快过来，举起手来甩一甩，

向前甩，向后甩，转个圈圈蹲下来。

《身体音阶歌》

哈哈，准备好了吗？

预备，开始！

摸摸你的小脚，do do do do

摸摸你的膝盖，re re re re

拍拍你的双腿，mi mi mi mi

叉叉你的小腰，fa fa fa fa

拍拍你的双手，so so so so

拍拍你的肩膀，la la la la

摸摸你的脑袋，xi xi xi xi

高举你的双手。do do do do

do re mi fa so la xi do

do xi la so fa mi re do do do

哈哈，我们再来一次，

准备好你的手哦，预备！

摸摸你的小脚，do do do do

摸摸你的膝盖，re re re re

拍拍你的双腿，mi mi mi mi

叉叉你的小腰，fa fa fa fa

拍拍你的双手，so so so so

拍拍你的肩膀，la la la la

摸摸你的脑袋，xi xi xi xi

高举你的双手。do do do do

do re mi fa so la xi do

do xi la so fa mi re do do do

《我的身体》

脸呀脸呀，在哪里，在哪里？在这里。

拍一拍，拍一拍，

脸呀在这里。

肩膀在哪里，在哪里？在这里。

拍一拍，拍一拍，

肩膀在这里。

肚子肚子，肚子肚子，肚子在哪里，在哪里？在这里。

拍一拍，拍一拍，

肚子在这里。

屁股屁股，在哪里，在哪里？在这里。

拍一拍，拍一拍，

屁股在这里。

脚呀脚呀，在哪里，在哪里？在这里。

拍一拍，拍一拍，

脚呀在这里。

手呀手呀，手呀手呀，手呀在哪里，在哪里？在这里。

拍一拍，拍一拍，

手呀在这里。

我的身体真有趣，

肩膀，脸，肚子，手，屁股，脸。

第二单元　美丽的秋天

单元大纲

	分组		
	高	中	低
1.认识常见水果			
(1)认识苹果			
(2)认识橘子			
(3)认识香蕉			
2.认识秋天常见的植物			
(1)认识菊花			
(2)认识银杏树叶			
(3)认识枫叶			
(4)初步认识植物的根、茎、叶、花朵、果实、种子			
3.认识秋天常见蔬菜			
(1)认识黄瓜			
(2)认识西红柿			

(3)认识白萝卜			
(4)认识胡萝卜			
(5)认识青菜			
3.认识常见颜色			
(1)认识红颜色			
(2)认识黄颜色			
(3)认识白颜色			
(4)认识绿颜色			
4.学习吃水果的技能			
(1)会剥香蕉皮			
(2)会剥橘子皮			
(3)会洗苹果			
(4)会用叉子或牙签吃水果			
5.学习与制作			
(1)会用树叶制作树叶画			
(2)会做简单的水果拼盘			

主题活动一

活动目标：认识常见水果

一、认识苹果

1. 出示神奇的口袋，让幼儿猜，里面放着什么。

2. 运用感官感知：

（1）摸、压：感知圆圆的、硬硬的、很光滑的；

（2）闻一闻：香香的；

（3）比较异同：把苹果放在桌上比较，这些苹果长得一样吗？不一样在哪里？（引导幼儿观察颜色、形状、大小等）

（4）介绍苹果柄；

（5）观察苹果核：教师把剩下的苹果核从中间切开，引导幼儿观察苹果核，知道苹果籽是苹果妈妈的小宝宝。

3. 品尝苹果：教师将苹果削皮，切片装盘，让幼儿使用工具——牙签或叉子。引导幼儿交流苹果的味道：酸、甜、脆等。

4. 听歌曲《大苹果》，学习儿歌《大苹果》：我是一个大苹果、大苹果、大苹果，小朋友们都爱我、都爱我。

5. 涂色、描画“大苹果”。

二、认识橘子

1. 教师出示一个布袋，让孩子摸摸里面有啥东西？（一个橘子）。

2. 通过看看、摸摸、闻闻，引导幼儿用多种感官感知橘子：

看看外形——圆圆的、扁扁的，有大的、有小的；摸摸表面——粗糙（与苹果对比）；闻闻——香香的。

3. 教师示范剥橘子，提醒幼儿把橘子皮、核放到盆子里，不要乱丢地上。鼓励幼儿一起动手剥橘子，边念：“剥呀剥呀剥橘子，橘子皮要剥掉。”

4. 尝尝：酸酸的、甜甜的。

5. 儿歌：

《橘　子》

小橘子，金黄黄；

一只只，飘清香；

剥开皮儿望一望，

瓣瓣都像月牙样。

6. 听歌曲：《橘子船》。

7. 美工：橘子皮制品；描画涂色“橘子”。

小　狗

小　猪

小狮子

小兔子

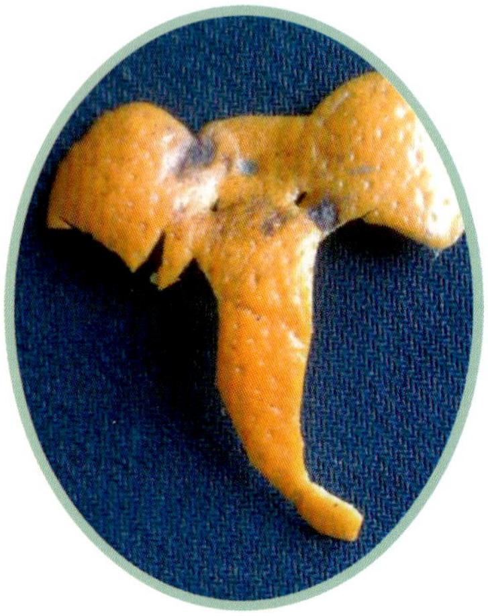

大　象

翩翩起舞的小姑娘

三、认识香蕉

1. 教师出示香蕉：这是香蕉。像什么？请幼儿想想。

2. 儿歌：

《小香蕉》

小香蕉，真奇怪：

像月牙，不上天；

像小船，不下海；

像鱼儿，真可爱；

一游游到我嘴里，又香又甜真痛快。

（教师朗诵儿歌，边念儿歌边根据儿歌做动作：摸一摸香蕉，举起香蕉，让它像小船一样晃来晃去。）

3. 颜色：黄色。

4. 教师示范剥香蕉皮，鼓励幼儿动手剥香蕉皮。

5. 尝尝：软软的、香香的、甜甜的。

6. 故事：有礼貌的香蕉兄弟

（学习有礼貌的打招呼：××早上好。垃圾放到垃圾桶里。）

7. 美工：涂色、描画香蕉。

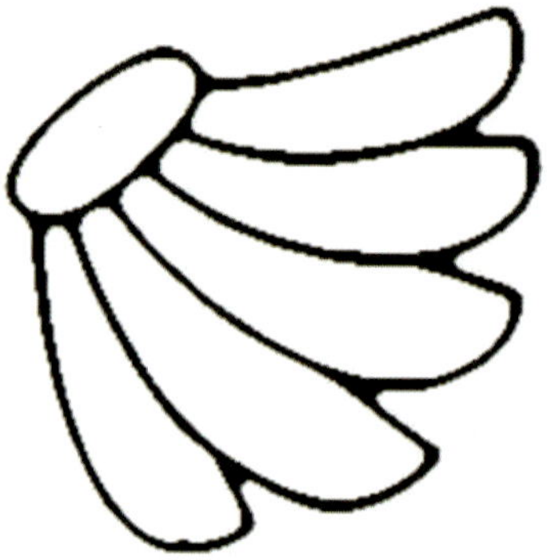

四、统整

1. 连线：实物对实物（水果类）。

2. 连线(找一样的):

3. 水果拼盘。

主题活动二

活动目标：认识秋天常见的植物。

一、认识菊花

1. 儿歌：

《菊　花》

秋天到，菊花开，

黄的黄、紫的紫、白的白。

像烟花，像面条，

还像妈妈的卷头发。

2. 出示实物，让幼儿闻一闻（菊花的香味），看一看（颜色——白色、黄色、紫色，形状——卷状、线状），摸一摸（光滑）。

3. 引导幼儿从花、茎、叶观察菊花特征，如：花的形状（球形）、颜色，叶子（绿色、边缘有锯齿）。

4. 提供菊花茶，让幼儿通过闻一闻、尝一尝，感受菊花的香味。

5. 美工：连线、涂色、描画。

二、认识秋天典型树叶——银杏树叶、枫叶

1. 教师出示两种树叶——银杏树叶、枫叶。

银杏叶

枫 叶

观察两种叶子的形状（银杏树叶像扇子，枫叶像小手）、颜色，了解

秋天来了树叶变黄了，落下来了。

2. 颜色认识：红、黄、绿三种颜色。

3. 制作树叶画，训练幼儿涂抹、粘贴等小肌肉动作，锻炼手眼协调性。

4. 儿歌：

《银杏树叶》

银杏叶，一片片，
夏天像扇子；
我从地上拾几片，
送给爷爷当书签。

《枫　叶》

枫叶枫叶真漂亮，
秋风奏乐它鼓掌，
问它为何拍红手，
它说欢迎秋姑娘。

主题活动三

活动目标：认识秋天常见蔬菜。

一、认识黄瓜

1. 教师手拿黄瓜，请幼儿摸一摸：粗糙；看一看：长长的，绿色。

2. 教师把黄瓜切开，请幼儿

观察：黄瓜里面是白白的，中间有籽。

3. 品尝凉拌黄瓜（精细训练）——用牙签或叉子食用。

4. 儿歌：

《黄　瓜》

黄瓜秧，开黄花，黄花开后结黄瓜；

小黄瓜，细又长，吃到嘴里脆又凉。

5. 美工：涂色、连线、描画。

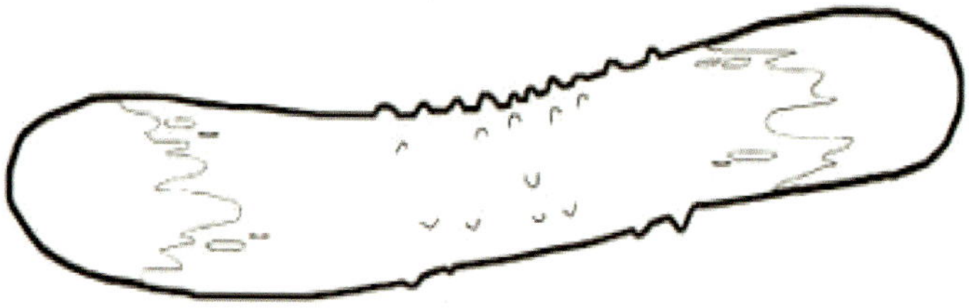

二、认识西红柿

1. 教师手拿西红柿，请幼儿摸一摸：光滑；看一看：圆圆的、红色。

2. 教师把西红柿切片，请幼儿尝一尝：酸酸的。

3. 儿歌：

《西红柿》

西红柿，红又圆；

水分多，味酸甜；

生吃熟吃样样好，

营养丰富味道鲜。

4. 美工：描画、连线、涂色。（提示：请小朋友先描线再涂色）

三、认识白萝卜（圆圆的白萝卜）、胡萝卜

1. 教师出示两种萝卜，让幼儿看一看。形状：白萝卜，圆圆的；胡萝卜，长长的。颜色：白萝卜，白色；胡萝卜，红色。

2. 律动：《拔萝卜》

3. 美工：连线、涂色、描画（先连线，再描画）。

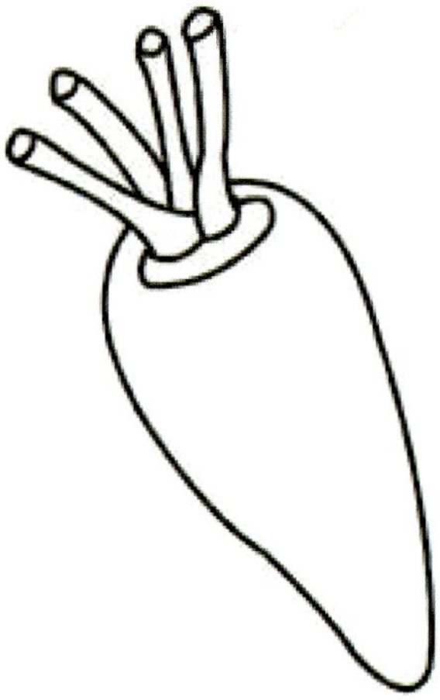

萝卜

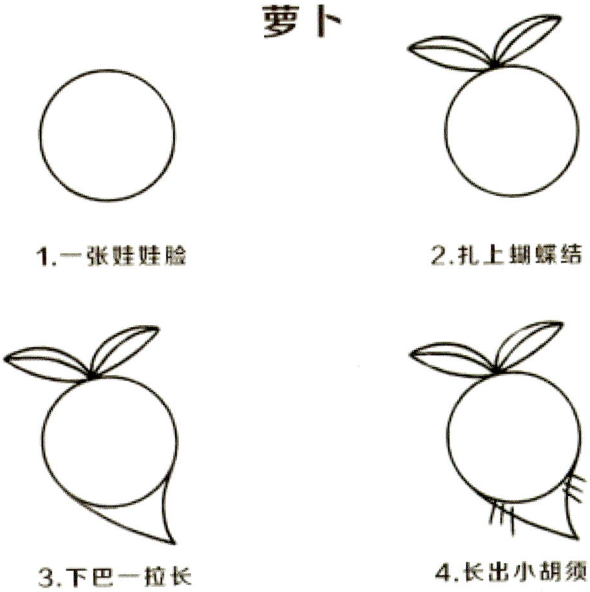

胡萝卜

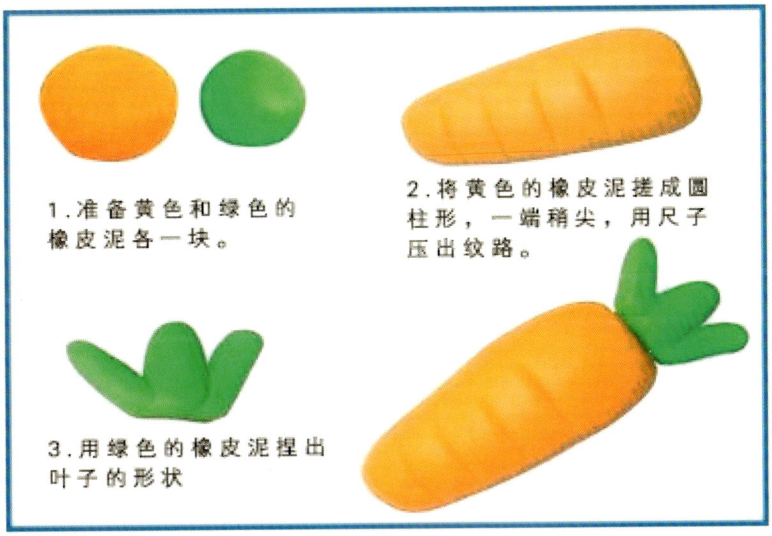

4.手指操：

《萝卜谣》

拔萝卜、拔萝卜、拔拔拔，

洗萝卜、洗萝卜、洗洗洗，

切萝卜、切萝卜、切切切，

炒萝卜、炒萝卜、炒炒炒，

吃萝卜、吃萝卜、吃吃吃。

四、认识青菜

1. 教师出示实物：青菜，请幼儿观察。形状：长长的；颜色：绿色叶子。

2. 泥工：青菜。

（1）搓一个绿泥圆球

（2）将绿球搓尖，压扁做成青菜的叶子

（3）用白泥搓成球后，再搓长，一端搓尖

（4）将白泥和菜泥粘在一起，再重复

（5）完成图

3. 美工：涂色、描画。

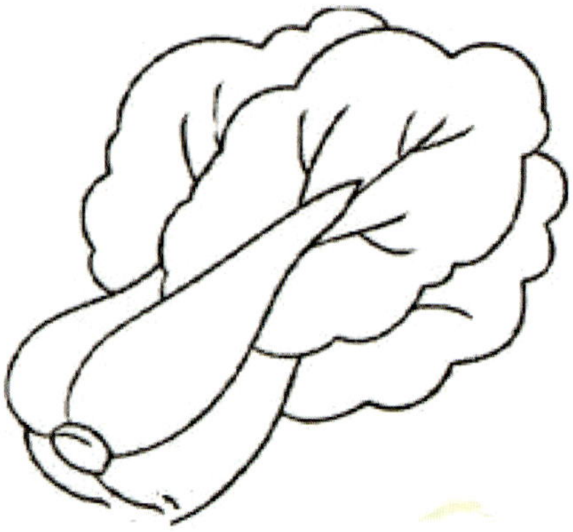

主题活动四

活动目标：认识树木、花朵、小草。

一、认识树木

1. 教师向幼儿展示盆栽小植株，让幼儿观看，认识外形特征：树干坚硬，树叶茂密；分清树干、树叶。

2. 出示校园照片、公园照片、小区照片，让幼儿仔细观察照片，指出图中的树木。

3. 户外活动：捡树叶。出示一幅图画，只有树干和很少的叶子，请幼儿把捡到的树叶粘贴在树上。

4. 手工：用皱纹纸、牙签做成小树。

二、认识花朵

1. 教师把一朵鲜花插在胸前，吸引幼儿注意。教师把鲜花取下，告诉幼儿："这是一朵花，鲜花很美丽。"

2. 出示不同颜色的鲜花。花朵有很多颜色，花瓣也不一样。把花朵的一两片花瓣摘下，请幼儿摸一摸，并闻一闻花香。

3. 插花：出示一个花瓶，教师示范把一枝花插进花瓶内。让每一名幼儿选取一枝喜爱的花，轮流插进花瓶内，完成后一起观赏。

4. 出示各色花朵的图片，请幼儿说出颜色。

白　色

红　色

绿 色

黄 色

5. 说出图片中菊花的颜色。

三、认识小草

1. 教师出示刚刚割下的一束小草，告诉幼儿这是“小草”，摸一摸，看一看，闻一闻。

2. 出示校园照片、公园照片、小区照片，请幼儿指出小草。

3. 美工：描线、涂色。

4. 手工：拼贴画（房子）。

统整活动

感知	认识颜色（红、黄、白、绿）	识别味道（酸、甜）	拼图（蔬菜拼图，水果拼图，树叶拼图）	配对（颜色配对、分类配对、质地分类）
生活自理	剥香蕉皮	剥橘子皮	洗苹果	用叉子或牙签吃水果
儿歌（律动操、手指操）	《大苹果》《橘子》《小香蕉》	《菊花》《银杏树叶》《枫叶》	《黄瓜》《西红柿》《萝卜谣》	《吃饭歌》
户外活动	逛菜场	逛公园	秋游	种植物
集体游戏（大肌肉运动）	摘水果（踮脚练习、跳跃练习）	小小运输工（爬行练习、负重行走、两人协助运）		

配合活动

1. 分辨花朵、小草、树木、叶子。出示一些用不同颜色的皱纹纸做成的小树、花朵和小草，请幼儿分类。

2. 故事：找“花妈妈”。

小兔子挽着一个篮子，里面放着一些玫瑰、菊花、康乃馨的花瓣，小兔子想帮这些花瓣找到妈妈，请小朋友们帮忙。

让幼儿取一片花瓣，在三个盒子中找出相同的花朵。（在盒子里分别放着玫瑰、菊花和康乃馨）

玫 瑰

菊 花

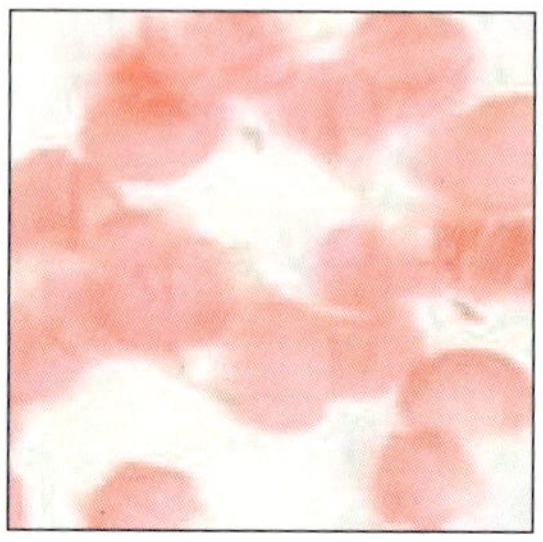

康乃馨

3. 游戏：

用纸卡做一个转盘（分为花朵、小草、树木和叶子四格，中心有一根指针）。

发给幼儿上述四个种类的图卡。转动转盘，当指针指着一种植物或植物的部分时，幼儿就把手上同类的图卡贴在板上（按类别分）。

最快把手上的图卡贴完的，为冠军。

4. 阴影配对。把花朵、青草、树木、叶子的图卡和影子卡配对。

5. 贴图。根据教师的口令，选择正确的图卡贴在画有背景的大白纸上。如：教师说“贴花”，幼儿选择花，贴在白纸上。

6. 拼图。把花朵的图卡剪成两张，让幼儿找出相同的半张图卡，拼合起来，并说出花朵的颜色及花朵的名称。

7. 树叶画。

8. 请家长辅助幼儿种植一棵小植物或豆子（蚕豆、大豆）。

9. 儿歌：

《大苹果》

我是一个大苹果、大苹果、大苹果，

小朋友们都爱我、都爱我。

《橘　子》

小橘子，金黄黄；一只只，飘清香；

剥开皮儿望一望，瓣瓣都像月牙样。

《小香蕉》

小香蕉，真奇怪：像月牙，不上天；
像小船，不下海；像鱼儿，真可爱；
一游游到我嘴里，又香又甜真痛快。

《菊　花》

秋天到，菊花开，黄的黄、紫的紫、白的白。
像烟花，像面条，还像妈妈的卷头发。

《银杏树叶》

银杏叶，一片片，夏天像扇子；
我从地上拾几片，送给爷爷当书签。

《枫　叶》

枫叶枫叶真漂亮，秋风奏乐它鼓掌，
问它为何拍红手，它说欢迎秋姑娘。

《黄　瓜》

黄瓜秧，开黄花，黄花开后结黄瓜；
小黄瓜，细又长，吃到嘴里脆又凉。

《西红柿》

西红柿，红又圆；水分多，味酸甜；

生吃熟吃样样好，营养丰富味道鲜。

《萝卜谣》

拔萝卜、拔萝卜、拔拔拔，

洗萝卜、洗萝卜、洗洗洗，

切萝卜、切萝卜、切切切，

炒萝卜、炒萝卜、炒炒炒，

吃萝卜、吃萝卜、吃吃吃。

《吃饭歌》

小小勺儿手中拿，一口饭来一口菜，

安静吃饭不说话，残渣轻轻盘中放，

营养饭菜吃光光，桌面地面都干净。

第三单元　我的家

单元大纲

	分组		
	高	中	低
1.认识自己居住的地方			
(1)认识“家”的作用:家是自己与家人居住和休息的地方			
(2)从家门附近找到自己家			
(3)能说出家庭地址			
2.认识家庭成员			
(1)认识家庭成员的样貌(爸爸、妈妈、兄弟姐妹、爷爷、奶奶)			
(2)认识家庭成员与自己的关系及称呼			
(3)认识家庭成员的角色特征及职责			
(4)认识家庭成员的姓名及性别			
(5)说出爸爸、妈妈的工作单位及职业			
(6)认识警察、医生、教师的职业特征			

3.认识家庭的生活			
(1)认识在家中一天的活动			
(2)认识家的基本结构及功能(餐厅、卧室、厨房、卫生间)			
(3)叫自己的名字有反应			
(4)能与家庭成员分享美食与玩具			
(5)能听从简单指令			
(6)能做简单的家务(开关门窗、扔垃圾、晾衣服等)			
4.认识基本家具(桌椅、沙发、门、窗、橱柜)			
5.认识常用餐具(勺子、筷子、碗、杯子、碟子)			
6.认识常用床上用品(枕头、床单、被套)			
7.认识常用梳洗用品(牙刷、牙膏、毛巾、镜子、梳子、肥皂、卫生纸)			
8.认识常见家用电器(电视、冰箱、洗衣机、空调)			
(1)能描画或涂色一幅家用电器图			
(2)常用家电的使用方法			
(3)用电、用火安全			

主题活动一

活动目标：认识自己的家及家庭成员

一、认识自己居住的地方

1. 教师出示一个房屋模型，对幼儿说："这是房子，我们住在房子里。"

房　子

2. 教师出示自己家的照片，对幼儿说："这是老师的家。"教师事先向家长搜集幼儿在家中拍摄的照片，再展示幼儿在家中拍摄的照片，问："这是谁的家？"让幼儿轮流找出自己家里的照片。

3. 游戏：用硬纸板手工制作一些桌子、椅子、床的模型，向幼儿介绍。再指着空的纸房子，请幼儿合作把这些家具放进房子内，布置房间。

4.用积木搭一座房子。

问:“房子是给谁住的?”引导幼儿说:“是我们住的。”

问:“你的家里有谁和你一起住?”引导幼儿说出自己的家人。

问:“你觉得累时会在哪里睡觉呢?”引导幼儿说出:“家里。”

5.教师事先搜集每个幼儿居住地的资料,让幼儿介绍自己居住的地址:××小区××幢××室。

二、认识家庭成员

1.认识家庭成员的样貌

教师事先搜集各幼儿父母的单人照片。

出示多间纸房子及各幼儿的单人照片,让幼儿选出自己的照片并贴在纸房子上。

教师拿出各幼儿父亲的照片说:“这是谁?”引导幼儿说:“爸爸”。

再向幼儿逐一介绍其他幼儿的爸爸,引导幼儿说:“这是××的爸爸。”

介绍完后，教师让幼儿把爸爸的照片贴在自己的纸房子上。

认识母亲、兄弟姐妹的方法同上。

2. 认识家庭成员与自己的关系及称呼。

教师事先搜集各幼儿的全家福，并用硬板做一个两页相架。

教师出示自己的家庭合照，并示范把照片放在相架上。

教师再展示各幼儿的家庭照，让各幼儿轮流选出家庭照并放在各自的相架上。

问："这是谁与家人的合照？"再让幼儿逐一介绍全家福上的人员："这是爸爸，这是妈妈……"或说出称呼即可。

3. 认识家庭成员的性别。

出示男女及卫生间标志，将爸爸的照片对应于男性标志，妈妈的照片对应于女性标志。

妈妈

爸爸

问：爸爸是男还是女？要去哪个卫生间？

引导幼儿说："爸爸是男的，要去男卫生间。"

4. 认识家庭成员的姓名。

教师事先把各幼儿父亲的

姓名写在纸卡上,并在纸卡上贴上父亲的照片,逐一介绍:“这是××的爸爸,他的名字叫××。”让幼儿认回父亲的照片和名字卡,说:“我的爸爸叫××。”

幼儿轮流拿爸爸、妈妈的照片,逐一介绍其姓名及性别;或教师说,让幼儿动手找出自己爸爸、妈妈的照片。让幼儿按其性别分放在画有男、女标志的插袋里。

教师出示几间纸房子,在纸房子里贴有幼儿父亲的照片名字卡配对,贴在贴有相同名字的纸房子里。

学习母亲的姓名方法同上。

5.认识家庭成员的角色特征。

(1)教师一边读儿歌《我的家》,一边出示实物:男式公文包、男式衬衫、电动剃须刀、女式手提包、高跟鞋、口红、书包、玩具等。向幼儿介绍爸爸、妈妈、幼儿的用品。

《我的家》

我的家,有爸妈,爸妈都爱我,我也爱爸妈。

(2)问:哪些是爸爸用的?(男式公文包、男式衬衫、男式皮鞋、电动剃须刀)配以图片或实物。

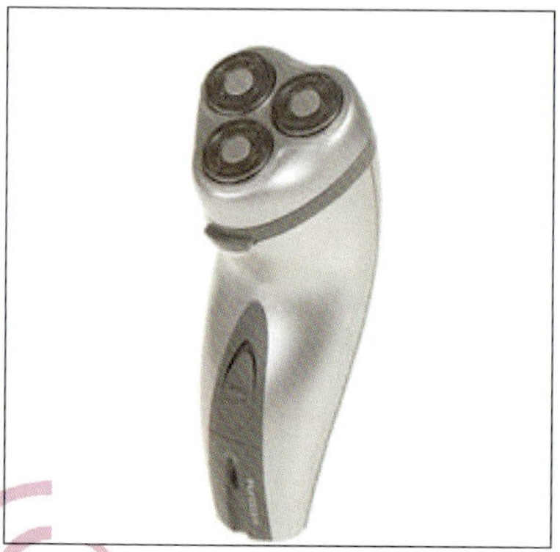

哪些是妈妈用的?(裙子、高跟鞋、手提包、口红)配以图片或实物。

哪些是小朋友用的?(书包、儿童衣服、鞋子、玩具)

(3)让幼儿利用实物扮演人物:爸爸、妈妈。

6.认识家庭成员的职责。

(1)妈妈的职责:上班,做家务(扫地、擦桌子、买菜、做饭),照顾孩子。以实物或图片帮助理解,让幼儿模仿妈妈做家务,并鼓励幼儿协助妈妈做家务。

扫 地

擦桌子

买　菜

做　饭

照顾孩子

（2）爸爸的职责：上班，协助分担家务（修理家具等）。以实物或图片帮助理解，让幼儿模仿爸爸上班或协助修理家具、分担家务等职责。

爸爸上班

装灯泡（修理）

（3）爸妈工作很辛苦，我们要听爸妈的话。

（4）幼儿的职责：上学，协助做家务，收拾自己的用品和玩具。以实物或图片帮助理解。

上　学

拖　地

洗　碗

7. 学习歌曲：《我的好妈妈》《世上只有妈妈好》。

8. 生活自理能力学习：扔垃圾、晾衣服、端茶倒水、用毛巾擦桌子、收拾玩具。

9. 练习：按图卡人物（爸爸、妈妈、幼儿）选出适合的物件作人物扮演（如抽到妈妈图卡，就选出妈妈的用具：高跟鞋、裙子、手提包……），并表演其职责，如做菜、扫地……

主题活动二

活动目标：认识不同职业的人物，认识他们的工作性质、地点及有关的装备或工具。

一、认识警察

1. 教师向幼儿展示一幅警察形象的海报或图片，介绍人物名称“警察”，模仿警察敬礼。

2.教师出示不同职业的海报或图片，请幼儿挑选出“警察”，说出其名称。

3.重点观察“警察”的服饰，如头上戴有帽子，帽子上有警徽；若在街上迷路、有困难时，向警察寻求帮助。

4.报警电话：110。

5.警察的装备：警车、对讲机、警棍、手枪、手铐。让幼儿观看并模仿使用，以加深印象。

警　车

对讲机

警　棍

手 枪

手 铐

二、认识医生和护士

1. 教师用图片向幼儿介绍医生和护士，请幼儿模仿说出“医生”和“护士”，或教师让幼儿能正确找出对应图片。

医 生

护 士

2. 问：我们生病了，该找谁帮忙？（医生/护士）

教师向幼儿出示一个布娃娃，他/她生病了，询问能否为他/她诊治。教师出示不同人物的图卡，请幼儿挑选“医生”或“护士”的图卡，帮助诊治布娃娃。

3. 认识医生或护士的服饰，请一名教师扮演，让幼儿与医生、护士握手，摸摸他们的服饰：医生和护士都穿白色的大褂，护士头戴护士帽。做衣服配对练习。

4. 认识医生和护士的工具：贴有红色十字的救护箱、听诊器、压舌棒、体温计、注射器（针筒）、创口贴。可做配对训练。

红十字标志

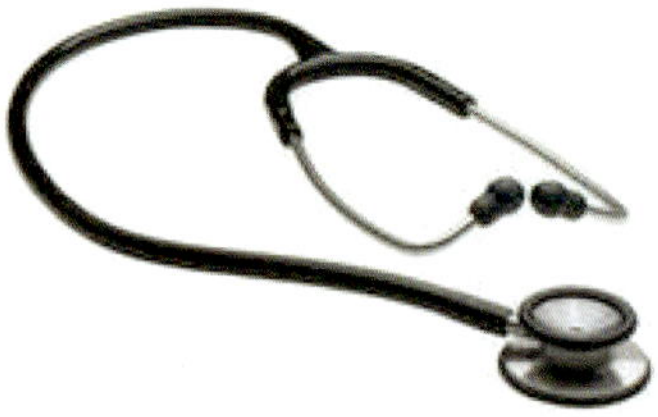

听诊器

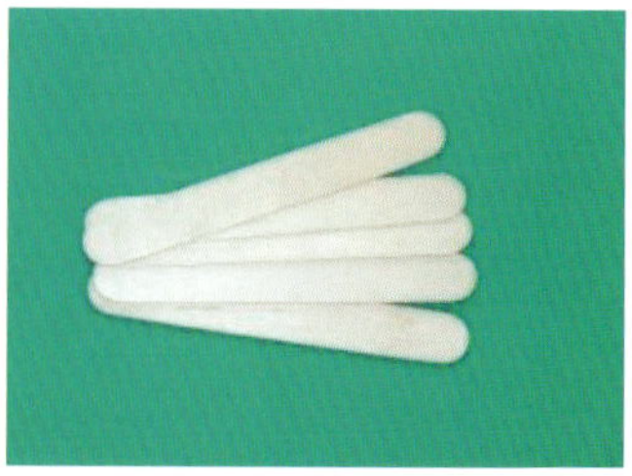

压舌棒

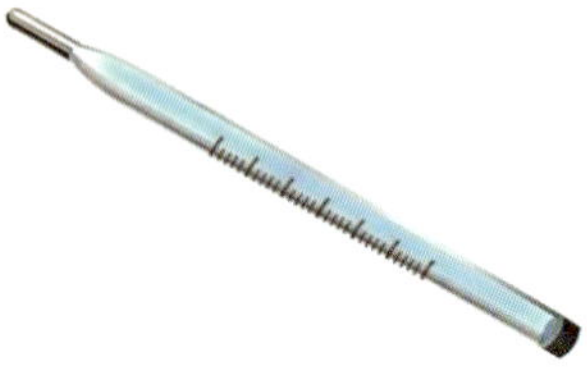

体温计

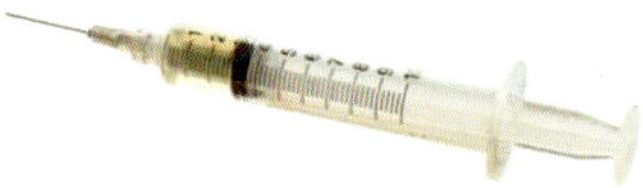

注射器

创口贴

5. 认识医生和护士的工作地点：社区诊所、医院。

医　院

社区诊所

三、认识教师

1. 教师先向幼儿自我介绍：我是×老师，并逐一与幼儿握手、点头。请幼儿跟老师模仿点头动作及称呼。

2. 教师的职责：小朋友们在学校可以和老师一起学习，当你们需要帮助时，可以请老师帮忙。

主题活动三

活动目标：认识一天的活动及家居知识。

一、认识家庭的生活（早上、中午、晚上）

1. 教师向幼儿展示三幅代表早、中、晚情境的图片。以太阳出现的图片进行区分：早上太阳刚出来；中午太阳高挂在天空中；晚上太阳不见了，月亮和星星出来了。反复练习。

2. 出示一天的程序图卡：

早上起床→上学→午饭→午睡→上学→晚饭→看电视→睡觉

3.配对:程序图卡与时间图卡配对。

早上起床

上 学

午 饭

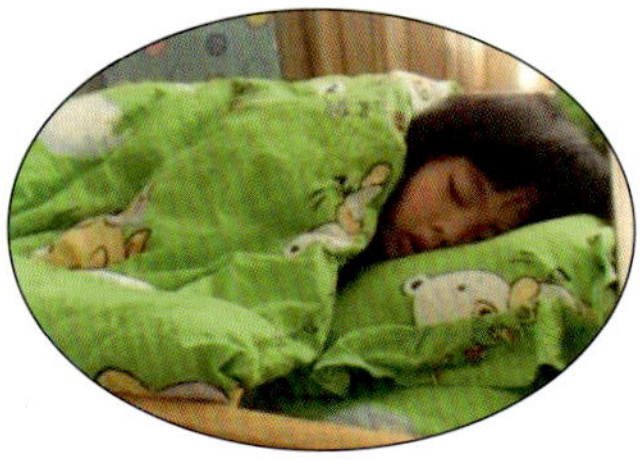

午 睡

上 学

晚 饭

看电视

睡 觉

4. 早晨的活动(图卡)。

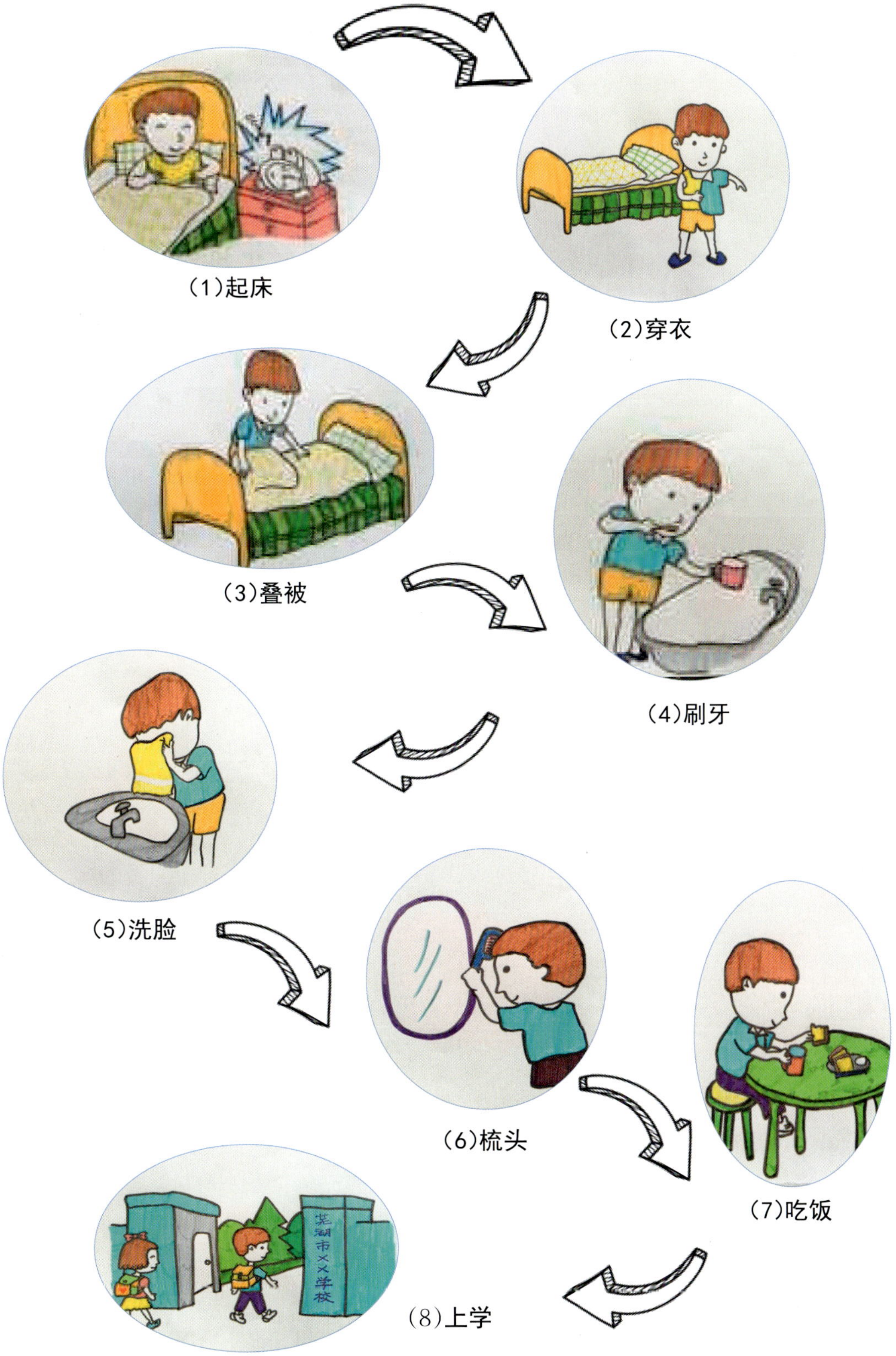

二、认识家居设备

1. 认识家的基本结构(配图),并让幼儿知道每间的功能。

(1)餐厅——家人吃饭。

(2)卧室——睡觉。

(3)厨房——做饭、做菜。

(4)洗手间——梳洗、如厕。

2.认识基本家具桌子、椅子、沙发、门、窗、橱柜,让幼儿认识家具的名称及外形,学会开关门窗。

桌 椅

沙 发

3.认识床上用品枕头、床、被子、床单，让幼儿指认床、枕头、被子、床单。

4.认识餐具筷子、碗、勺子、杯子、碟子，让幼儿认识名称及外形、用途及使用方法，可做功能配对。

(1)筷子——夹菜、吃饭。

(2)碗——盛饭。

(3)勺子——喝汤、吃饭。

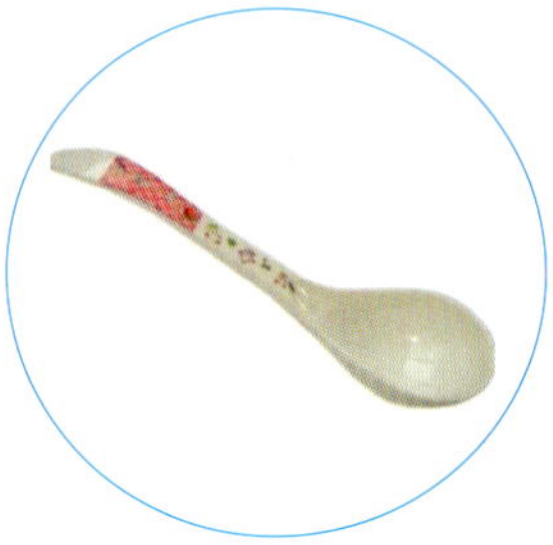

(4)杯子——喝水。

(5)碟子——盛菜。

5. 认识梳洗用品牙刷、牙膏、毛巾、梳子、镜子、肥皂、卫生纸，让幼儿认识各种梳洗用品的名称、外形及用途。

牙　刷

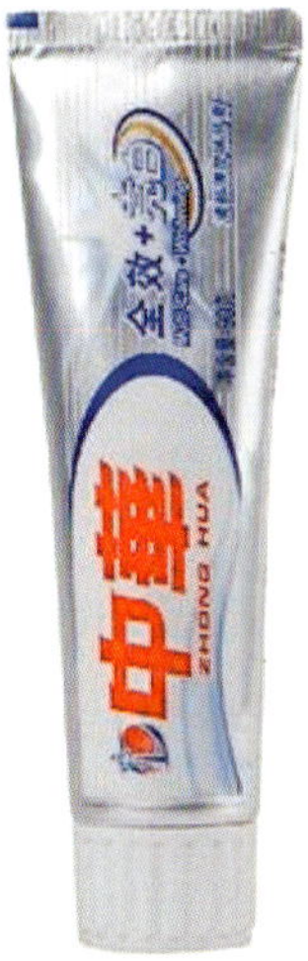

牙　膏

毛　巾

梳　子

镜　子

香　皂

自理能力学习：挤牙膏、拧盖、拧毛巾、冲厕所、洗手、洗脸。

6. 认识家用电器：灯、电话、电视机、空调、电脑、洗衣机、冰箱、微波炉、电饭锅。

（1）请幼儿认识家用电器的名称、外形及用途：电饭锅——煮饭；微波炉——加热食物；锅——炒菜、煎鸡蛋。

（2）拼图练习。带幼儿去超市或电器店指认家用电器。

7. 认识清扫工具：扫把、拖把、字纸篓、簸箕，利用实物介绍它们的名称，并示范用扫把扫地，把垃圾倒进字纸篓，用拖把拖地。

让幼儿把实物与图片配对，练习扫地、倒垃圾、扔垃圾袋。

8. 安全教育。教师告诉幼儿，没有成人陪同，幼儿不能进入厨房，也不能玩电器等。

统整活动

儿歌	美工	结构化操作	动作	生活自理
《好宝宝》	不规则线条画	图片配对	独立上下楼梯	夹夹子
《电器》	造房子	功能配对	走平衡木	开关门窗

配合活动

1. 认识家人。

2. 认识家居。

3. 认识常用家用电器。

4. 认识职业。

5. 生活自理能力展示。

6. 儿歌：

《好宝宝》

好宝宝，做得好；

洗洗手，漱漱口；

做个干净小宝宝。

《电　器》

冰箱冷冰冰，

风扇团团转，

熨斗烫呼呼，

家用电器重安全。

《玩具多》

玩具多，玩具好，

玩具玩完要放好。

《我的家》

我的家，有爸妈，

爸妈都爱我，我也爱爸妈。

第四单元　快乐的节日

单元大纲

	分组		
	高	中	低
1.认识节日的名称和日期			
(1)教师节(9月10日)			
(2)中秋节(农历八月十五)			
(3)国庆节(10月1日)			
(4)元旦(1月1日)			
(5)春节(农历正月初一)			
2.认识庆贺春节的活动方式			
(1)认识春节的传统习俗及活动			
(2)认识节日的食品			
(3)认识农历新年的饮食习惯			
3.技能			
(1)会选择自己喜欢的过节食品			

(2)会给客人倒茶,递食品			
(3)会剥糖果纸,正确食用瓜子、花生			
(4)能唱几首节日歌曲			
(5)涂色节日图画			
(6)会制作简单的节日贺卡			
(7)会制作简单的窗花			
4.社交礼仪			
(1)能回应熟人与自己打招呼			
(2)能在提示下说节日祝福语			
(3)能招呼来做客的小朋友			
(4)能愉快参加家庭庆祝活动			
(5)有节制地饮食			

主题活动

一、认识节日的名称和日期

1. 教师出示日历或挂历，让幼儿想一想我们这学期过了哪些节日，并出示一些活动图片，引导幼儿回答：“教师节、中秋节、国庆节”（一边在日历中圈出这些日子）。

日	一	二	三	四	五	六
			1 廿三	2 廿四	3 廿五	4 廿六
5 廿七	6 廿八	7 廿九	8 白露	9 初二	10 教师节	11 初四
12 初五	13 初六	14 初七	15 初八	16 初九	17 初十	18 十一
19 十二	20 十三	21 十四	22 中秋	23 秋分	24 十七	25 十八
26 十九	27 二十	28 廿一	29 廿二	30 廿三		

2. 观看活动图片。

图一：相亲相爱一家人——教师节活动；

图二：月圆人更圆——中秋节活动；

图三：我们爱中国——国庆节活动。

国庆节

教师节

3. 连线。

教师节——9月10日

中秋节——农历八月十五

国庆节——10月1日

中秋节

二、认识农历新年的风俗

1. 大扫除。

(1)出示日历,介绍新年快到了,大家都会打扫房屋以迎接新年。

(2)出示图片:一座房屋,里面非常混乱、肮脏。(地上有许多纸屑,桌椅东倒西歪,墙上有污渍等)

问:我们应该怎么做,用哪些清扫工具?

如:把纸屑扔进字纸篓,用抹布擦去墙上的污渍,摆放好桌椅……

（3）在新年到来之际，家家户户都会大扫除，出示五张清洁图：擦桌子、扫地、扔垃圾、除尘、拖地。

擦桌子

扫　地

扔垃圾

除　尘

拖　地

同时出示相关的清洁用具，向幼儿介绍图片内容及所需的清洁工具：

布

字纸篓

鸡毛掸

拖　把

扫　把

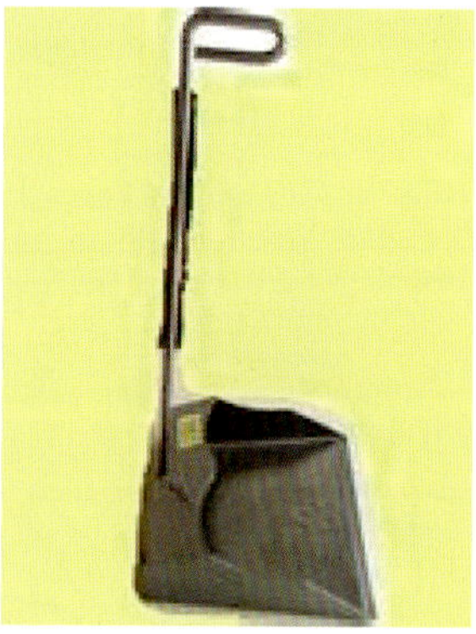

簸　箕

（4）出示一些干净整洁或脏乱的家居图片，让幼儿辨别哪些是干净整洁的，哪些是脏乱的？让幼儿挑选出干净整洁的图片。

2. 贴春联、“福”字。

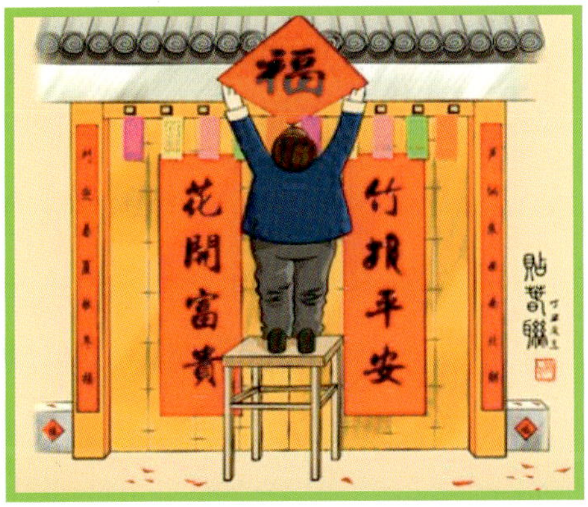

过新年时，家家户户都会贴春联、“福”字。出示春联和“福”字，和幼儿一起涂抹胶水、浆糊或双面胶，手把手与幼儿练习贴缩印的春联和“福”字，作为新年的装饰。

3. 认识农历新年的食品。

（1）迎接新年，教师拿出一些食品，逐一介绍每种食品——瓜子、花生、糖果、巧克力等。让幼儿挑一种自己喜爱的来尝尝味道。介绍这些都是贺新年的食物，出示一个圆形食品盒，让幼儿按食品的类别，分类放在盒子内。

（2）出示煮熟的水饺、年糕之类的食物，这些也是农历新年的食物。分别切开食物，让幼儿尝尝味道。

水　饺

年　糕

（3）教师请大家吃东西，出示一个托盘（上面盖着布），让幼儿闭上眼睛，然后拿出其中一种食物试吃。最后教师打开盖布，让幼儿看看能否找出刚才吃过的食物，然后说出名称。

（4）分给每名幼儿一个碟子，练习剥瓜子、剥花生壳、剥糖果纸、撕包装袋，然后品尝食品。

4. 认识农历新年的名称、日期及习俗。

（1）教师出示日历，翻开年初一红色的日子，介绍这一天是农历新年。

（2）出示视频，某位幼儿的家长送给孩子的礼物——一个礼盒。

教师说："这是爸爸妈妈给他的新年礼物。"打开盒子，原来是一套新衣服，让该名幼儿穿上新衣服。

（3）过年时，我们都要穿上新衣服，然后去拜年。学习拜年礼节：合手恭贺说祝福语——新年好、新年快乐、恭喜发财，递上糖果招待客人，收压岁钱等。同时提示幼儿不要多吃糖果。

（4）收压岁钱。让幼儿观看红纸包，介绍新年时长辈都会给我们压岁钱，这是习俗。

发给每名幼儿一个红纸包，教幼儿在收到时要说"谢谢"。让幼儿打开红纸包，取出其中的钱。问："怎样使用这些钱？"引导幼儿回答。

出示一个储蓄罐，告诉幼儿要把钱存起来，或交给父母，不能乱用。让幼儿练习将钱放入储蓄罐。

（5）出示与新年有关的图片，重温每一种物品，然后示范把它们配对放在一起。

如:春联→门;花→花瓶;压岁钱→储蓄罐;糖果→食品盒;新衣服→人。

(6)出示新年拜年图片,介绍在新年时,我们都会出去向亲友拜年:穿新衣服→送上礼物→互相恭贺→围坐享用食物。让幼儿尝试说出或指出图片内容,排列图卡。

统整活动

歌曲	美工	结构化操作	精细动作	生活自理
《新年好》	大红灯笼（涂色）糖葫芦（搓指画）	图片配对，连线	剥瓜子，剥花生，剥糖果纸，撕包装袋	包水饺，包春，穿外衣

配合活动

1. 出示新年食品，让幼儿说出名称。选一名幼儿出来扮演主人，引导幼儿学习说一些祝福语（如：新年好，新年快乐）及如何招呼客人，最后主人请大家分享新年的食物。

2. 布置环境：迎新年。